KB190931

마음에 위로를 안겨주는
어린 왕자 영어 필사

마음에 위로를 안겨주는
# 어린 왕자 영어 필사

초판 1쇄 발행  2025년 5월 7일

지은이  앙투안 드 생텍쥐페리
엮은이  편집부
발행인  곽철식

편 집   김나연
디자인  박영정
마케팅  박미애
펴낸곳  다온북스
인쇄    영신사

출판등록  2011년 8월 18일 제311-2011-44호
주소  경기도 고양시 덕양구 향동동391 향동dmc플렉스데시앙 ka1504호
전화  02-332-4972    팩스  02-332-4872
전자우편  daonb@naver.com

ISBN  979-11-93035-64-1 (13740)

마음에 위로를 안겨주는

# The Little Prince

## 어린 왕자 영어 필사

지은이 **앙투안 드 생텍쥐페리** 엮은이 **편집부**

다온북스
DAON BOOKS

# 서문

매일 묵묵히 내 앞에 놓인 길을 걸어가고, 열심히 살아가는 우리는 모두 어린이였습니다. 고된 하루를 보낸 자신을 위해 여러분은 어떤 힐링을 스스로에게 선물하시나요? 누군가는 미디어로 웃음을 찾을 수도 있고, 또 누군가는 취미 생활로 활기를 채워 내일을 살아갈 힘을 기르겠죠. 그런데 가끔 어릴 때 읽었던 혹은 마음에 간직하는 인생 고전 하나쯤 있지 않나요?

문득 순수했던 어린 시절이 생각날 때, 순수함을 다시금 느끼고 싶을 때 찾게 되는 책은 무엇인가요? 수많은 고전 중 먼저 떠오르는 책이 있다면, 시대를 관통해 전 세계인이 사랑하는 《어린 왕자》가 아닐까요? 가장 순수한 영혼의 어린 왕자는 과거에도, 현재에도, 앞으로 살아갈 미래에도 그는 영원히 우리를 위로합니다.

"사막이 아름다운 건 어딘가에 샘을 숨기고 있기 때문이야."

"중요한 건 눈에 보이지 않아."

메시지만으로도 위로가 되는 마음입니다. 답답하게 막힌 듯한 하루 끝에 잠시 이 책을 펼쳐 그를 만나 보는 건 어떨까요? 영어 필사와 함께 어린 왕자의 이야기를 다시 마음으로 불러일으켜 진정한 가치와 의미를 깨닫게 될 거예요.

"어린 왕자, 나는 밤마다 너의 이야기를 듣는 걸 좋아해.
그건 마치 내 내면의 이야기를 듣는 것과 같아."

자, 이제 내 마음에 위로를 안겨주는 《어린 왕자 영어 필사》를 만나 보세요.

# 목차

Part 1.
그렇게 어른이 되었다.

I showed my masterpiece to the grown-ups, and asked them whether the drawing frightened them. But they answered: "Frighten? Why should any one be frightened by a hat?" My drawing was not a picture of a hat. It was a picture of a boa constrictor digesting an elephant. But since the grown-ups were not able to understand it, I made another drawing: I drew the inside of the boa constrictor, so that the grown-ups could see it clearly. They always need to have things explained. My Drawing Number Two looked like this:

---

나는 내 훌륭한 그림을 어른들에게 보여주고 무섭지 않은지 물어보았다. 어른들은 대답했다. "모자가 왜 무섭다는 거니?" 내가 그린 건 모자가 아니었다. 코끼리를 소화시키고 있는 보아뱀이었다. 그래서 나는 어른들이 이해할 수 있도록 보아뱀의 몸속을 그렸다. 어른들은 설명을 해주지 않으면 모른다. 나의 2호 그림은 이것이다.

The grown-ups' response, this time, was to advise me to lay aside my drawings of boa constrictors, whether from the inside or the outside, and devote myself instead to geography, history, arithmetic and grammar. That is why, at the age of six, I gave up what might have been a magnificent career as a painter. I had been disheartened by the failure of my Drawing Number One and my Drawing Number Two. Grown-ups never understand anything by the themselves, and it is tiresome for children to be always and forever explaining things to them.

---

어른들은 속이 보이든 안 보이든 중요하지 않으니 보아뱀 따위는 그만 그리고 지리나 역사, 산수, 문법에 신경 쓰라고 내게 충고했다. 여섯 살이던 나는 화가라는 멋있는 작업을 포기하고 말았다. 1호와 2호 그림의 반응이 좋지 않아 의기소침해졌다. 어른들은 혼자서는 아무것도 이해하지 못하고, 어린이들은 그들에게 언제나 설명을 해주어야 해서 피곤하다.

# 03

In the course of this life I have had a great many people who have been concerned with matters if consequence. I have lived a great deal among grown-ups. I have seen them intimately, close at hand. And that hasn't much improved my opinion if them.

---

나는 살아오면서 문제가 생기면 걱정했던 많은 사람을 만났다. 아주 오랜 시간 동안 어른들 속에서 그들을 보며 살았다. 그러나 그들에 대한 내 생각은 나아지지 않았다.

# 04

So I lived my life alone, without anyone that I could really talk to, until I had an accident with my plane in the Desert of Sahara, six years ago. Something was broken in mt engine. And as I had with me neither a mechanic nor any passengers, I set myself to attempt the difficult repairs all alone. It was a question of life or death for me: I had scarcely enough drinking water to last a week.

---

나는 대화를 나눌 사람 없이 수년을 홀로 살아왔다. 6년 전 사하라 사막에서 비행기 사고를 당하기 전까지 그랬다. 엔진에 이상이 생겼고. 정비사도 승객도 없었기 때문에 혼자서 수리해 보려고 시도했다. 내게는 생사의 문제였다. 일주일 동안 마실 물밖에 없었다.

# 05

It said: "If you please, draw me a sheep!"

"What!"

"Draw me a sheep!"

I jumped to my feet, completely thunderstruck. I blinked my eyes hard. I looked carefully all around me. And I saw a most extraordinary small person, who stood there examining me with great seriousness. Here you may see best portrait that, later, I was able to make of him. But my drawing is certainly very much less charming than its model.

---

목소리가 말했다. "양을 그려주세요!"

"뭐라고?"

"양 한 마리만 그려주세요!"

나는 벼락을 맞은 듯 벌떡 일어났다. 눈을 깜빡이며 주변을 주의 깊게 돌아봤다. 그리고 그곳에 서 있던 아주 특별한 작은 사람이 진지한 얼굴로 나를 바라보고 있었다. 이 그림은 나중에 내가 그를 묘사할 수 있었던 최고의 초상화다. 하지만 내 그림은 확실히 모델보다 훨씬 덜 매력적이다.

# 06

Now I stared at this sudden apparition with my eyes fairly starting out of my head in astonishment. Remember, I had crashed in the desert a thousand miles from any inhabited region. And yet my little man seemed neither to be straying uncertainly among the sands, nor to be fainting from any fatigue or hunger or thirst or fear. Nothing about him gave any suggestion of a child lost in the middle of the desert, a thousand miles from any human habitation.

When at last I was able to speak, I said to him: "But, what are you doing here?" And in answer he repeated, very slowly, as if he were speaking of a matter of great consequence: "If you please, draw me a sheep…."

---

나는 눈이 휘둥그레질 정도로 날라 그를 쳐다봤다. 기억하겠지만, 나는 수천 마일 떨어진 사막에 떨어진 상태다. 그런데 이 작은 친구는 사막 한가운데서 헤매는 것 같지도 않았고, 피로나 배고픔, 목마름, 두려움으로 기절할 것 같지도 않았다. 사람이 사는 곳에서 수천 마일 떨어진 이곳에서 길을 잃은 아이로는 전혀 보이지 않았다.

나는 겨우 정신을 차리고 말했다.

"여기서 뭘 하고 있는 거야?"

그러자 그는 마치 중대한 문제를 말하듯 나직하게 되뇌었다. "부탁이에요, 양 한 마리만 그려주세요…."

But I had never drawn a sheep. So I drew for him one of the two pictures I had drawn so often. It was that of the boa constrictor from the outside. And I was astounded to hear the little fellow greet it with, "No, no, no! I do not want an elephant inside a boa constrictor. A boa constrictor is a very dangerous creature, and an elephant is very cumbersome. Where I live, everything is very small. What I need is a sheep. Draw me a sheep."

---

하지만 나는 양을 그린 적이 없었다. 그래서 내가 자주 그린 두 그림 중 하나를 그에게 그려주었다. 속이 보이지 않는 보아뱀 그림이었다. 그런데 꼬마 친구의 말을 듣고 나는 깜짝 놀랐다. "아니, 아니, 아니! 보아뱀 뱃속에 코끼리가 들어 있는 건 원치 않아요. 보아뱀은 매우 위험한 동물이고, 코끼리도 매우 다루기 힘들어요. 제가 사는 곳은 모든 것이 매우 작아요. 제가 필요한 건 양이에요. 양을 그려주세요."

So then I made a drawing. He looked at it carefully, then he said: "No. This sheep is already very sickly. Make me another." So I made another drawing. My friend smiled gently and indulgenty. "You see yourself," he said, "that this is not a sheep. This is a ram. It has horns."

So then I did my drawing over once more. But it was rejected too, just like the others. "This one is too old. I want a sheep that will live a long time."

By this time my patience was exhausted, because I was in a hurry to start taking my engine apart. So I tossed off this drawing. And I threw out an explanation with it. "This is only his box. The sheep you asked for is inside."

---

그래서 나는 그림을 그렸다. 그는 주의 깊게 살펴보더니 말했다. "아니야! 이 양은 아파요. 다른 걸 그려주세요." 나는 또 다른 양을 그려주었다. 내 친구는 부드럽고 관대한 미소를 지으며 말했다. "잘 보세요. 이건 양이 아니에요. 이건 숫양이에요. 뿔이 있잖아요."

그래서 나는 또다시 그림을 그렸다. 그러나 마찬가지로 그 그림도 거절당했다. "이건 너무 늙었어요. 나는 오래 살 수 있는 양을 원해요."

그때쯤 내 인내심은 바닥났다. 서둘러 엔진을 분해해야 했기 때문이다. 그래서 나는 이 그림을 던져주며 말했다. "이건 그냥 양의 상자일 뿐이야. 네가 원하는 양은 그 안에 있어."

It took me a long time to learn where he came from. The little prince, who asked me so many questions, never seemed to hear the ones I asked him. It was from words dropped by chance that, little by little, everything was revealed to me.

The first time he saw my airplane, for instance (I shall not draw my airplane; that would be much too complicated for me), he asked me:

"What is that object?"

"That is not an object. It flies. It is an airplane. It is my airplane."

And I was proud to have him learn that I could fly. He cried out, then:

"What! You dropped down from the sky?"

---

그가 어디서 왔는지 이해하는 데 오랜 시간이 걸렸다. 어린 왕자는 나에게 많은 질문을 했지만 나는 전혀 듣지 못하는 듯했다. 그가 우연히 흘린 말에서 조금씩 드러났다. 예를 들어, 그가 처음으로 내 비행기를 보았을 때(나는 내 비행기를 그리지 않을 것이다. 내 그림 실력에 비해 너무 복잡하다) 물었다.

"그 물건은 뭐예요?"

"이건 물건이 아니야. 하늘을 나는 거야. 비행기라고 해. 내 비행기야."

그리고 내가 날 수 있다는 것을 알려주며 자랑스러워했다. 그가 소리쳤다.

"뭐라고요? 아저씨도 하늘에서 떨어졌어요?"

"Yes," I answered, modestly.

"Oh! That is funny!"

And the little prince broke into a lovely peal of laughter, which irritated me very much. I like my misfortunes to be taken seriously.

———

"그래." 나는 겸손하게 대답했다.

"오! 재미있네요!"

어린 왕자는 큰 소리로 웃었고, 그것은 나를 몹시 짜증 나게 했다. 나는 내 불행이 진지하게 받아들여지기를 바랐다.

# 10

On making his discovery, the astronomer had presented it to the International Astronomical Congress, in a great demonstration. But he was in Turkish costume, and so nobody would believe what he said. Grown-ups are like that⋯.

Fortunately, however, for the reputation of Asteroid B-612, a Turkish dictator made a law that his subjects, under pain of death, should change to European costume. So in 1920 the astronomer gave his demonstration all over again, dressed with impressive style and elegance. And this time everybody accepted his report.

---

천문학자는 자신의 발견을 국제 천문학회에서 시연을 통해 증명해 냈다. 하지만 그의 터키(튀르키예) 복장 때문에 아무도 그의 말을 믿지 않았다. 어른들은 늘 그렇다⋯.

하지만 다행히도 소행성 B-612의 명성을 위해 터키 독재자가 유럽식 의상으로 입지 않으면 사형을 선고하겠다는 법을 제정했다. 그래서 1920년에 천문학자는 인상적이고 우아한 차림으로 다시 시범을 보였다. 이번에는 모두가 그의 발견을 받아들였다.

# 11

"The proof that the little prince existed is that he was charming, that he laughed, and that he was looking for a sheep. If anybody wants a sheep, that is a proof that he exists." And what good would it do to tell them that? They would shrug their shoulders, and treat you like a child. But if you said to them: "The planet he came from is Asteroid B-612," then they would be convinced, and leave you in peace from their questions. They are like that. One must not hold it against them. Children should always show great forbearance toward grown-up people.

"어린 왕자가 존재했다는 증거는, 그가 매력적이었고, 환하게 웃고, 양을 갖고 싶어 했다는 거예요. 누군가 양을 원한다면, 그것이 그가 존재한다는 증거예요." 어른들에게 이렇게 말하는 게 무슨 소용일까? 어른들은 어깨를 으쓱하고 당신을 아이처럼 대할 것이다. 하지만 어른들에게 이렇게 말해 보자. "그가 온 행성은 소행성 B-612예요." 그러면 어른들은 이해하고, 질문한 당신을 괴롭히지 않을 것이다. 어른들은 그렇다. 원망할 것도 없다. 아이들은 늘 어른들에게 큰 관용을 보여야 한다.

# 12

But certainly, for us who understand life, figures are a matter of indifference. I should have liked to begin this story in the fashion of the fairy-tales. I should have like to say: "Once upon a time there was a little prince who lived on a planet that was scarcely any bigger than himself, and who had need of a sheep…."

To those who understand life, that would have given a much greater air of truth to my story. For I do not want any one to read my book carelessly.

---

하지만 분명한 건, 삶을 이해하는 우리에게 숫자는 중요한 문제가 아니다. 나는 이 이야기를 동화처럼 시작하고 싶었다. "옛날 옛적에 자기보다 조금도 크지 않은 행성에 살았던 어린 왕자가 있었는데, 그는 양이 필요했다…."

인생을 이해하는 사람들에게는 내 이야기에 훨씬 더 큰 진실을 주었을 것이다. 그렇게 하지 않은 이유는 나는 아무도 내 책을 함부로 읽지 않기를 바라기 때문이다.

# 13

In certain more important details I shall make mistakes, also. But that is something that will not be my fault. My friend never explained anything to me. He thought, perhaps, that I was like himself. But I, alas, do not know how to see sheep through t he walls of boxes. Perhaps I am a little like the grown-ups. I have had to grow old.

---

더 중요한 세부 사항에도 나는 실수할 수도 있다. 그러나 그것은 내 잘못이 아니다. 내 친구는 나에게 아무것도 설명하지 않았다. 어쩌면 내가 자신과 같다고 생각했을지도 모른다. 하지만 나는 슬프게도 상자 속에 있는 양을 보는 방법을 알지 못한다. 아마도 나는 어른들과 조금 비슷해져 버린 것 같다. 나도 나이를 먹었나 보다.

I pointed out to the little prince that baobabs were not little bushes, but, on the contrary, trees as big as castles; and that even if he took a whole herd of elephants away with him, the herd would not eat up one single baobab.

The idea of the herd of elephants made the little prince laugh.

"We would have to put them one on top of the other," he said.

But he made a wise comment:

"Before they grow so big, the baobabs start out by being little."

---

나는 어린 왕자에게 바오바브나무는 작은 덤불이 아니라 성채만큼 큰 나무이고, 코끼리 떼를 몰고 가도 바오바브나무 한 그루를 먹어 치울 수 없다고 말했다.

코끼리 떼에 관한 생각은 어린 왕자를 웃게 했다.

"코끼리 위에 코끼리를 포개놓아야 할지도 몰라."

어린 왕자는 현명하게 이런 말도 했다.

"바오바브나무도 이렇게 커지기 전엔 아주 작은 나무에서 시작했을 거야."

Indeed, as I learned, there were on the planet where the little prince lived, as on all planets, good plants and bad plants. In consequence, there were good seeds from good plants, and bad seeds from bad plants. But seeds are invisible. They sleep deep in the heart of the earth's darkness, until some one among them is seized with the desire to awaken. Then this little seed will stretch itself and begin, timidly at first, to push a charming little sprig inoffensively upward toward the sun. If it is only a sprout of radish or the sprig of a rose-bush, one would let it grow wherever it might wish. But when it is a bad plant, one must destroy it as soon as possible, the very first instant that one recognizes it.

---

실제로 모든 행성처럼 어린 왕자가 사는 행성에는 좋은 식물과 나쁜 식물이 자랐다. 좋은 식물에서는 좋은 씨앗이, 나쁜 식물에서는 나쁜 씨앗이 나왔다. 하지만 씨앗은 겉으로 보이지 않는다. 씨앗은 땅속 깊은 곳에서 깨어나고 싶다는 욕망에 사로잡힐 때까지 숨죽여 잠을 잔다. 그러다 씨앗은 기지개를 켜고 태양을 향해 수줍은 듯 매력적인 작은 가지를 내민다. 무의 새싹이나 장미 덤불의 가지라면 원하는 곳 어디에서나 자라게 둘 것이다. 하지만 나쁜 식물이라면 알아차리는 즉시 뽑아 버려야 한다.

# 16

"It is a question of discipline," the little prince said to me later on. "When you've finished your own toilet in the morning, then it is time to attend to the toilet of your planet, just so, with the greatest care. You must see to it that you pull up regularly all the baobabs, at the very first moment when they can be distinguished from the rosebushes which they resemble so closely in their earliest youth. It is very tedious work," the little prince added, "but very easy."

---

"그건 규율의 문제야." 어린 왕자가 나중에 내게 말했다. "아침에 세수를 마치면 별도 정성껏 닦아줘야 해. 바오바브나무가 작을 때 장미 덤불과 매우 흡사해서 구분되면 즉시 바오바브나무를 다 뽑아내야 해. 아주 성가신 일이지만 쉬운 작업이야."

# 17

So, as the little prince described it to me, I have made a drawing of that planet. I do not much like to take the tone of a moralist. But the danger of the baobabs is so little understood, and such considerable risks would be run by anyone who might get lost on an asteroid, that for once I am breaking through my reserve. "Children," I say plainly, "watch out for the baobabs!"

---

그래서 나는 어린 왕자가 알려준 대로 게으름뱅이가 사는 행성을 그렸다. 나는 도덕주의자의 말투를 싫어한다. 그러나 바오바브나무의 위험성은 거의 알려지지 않았고, 소행성에서 길을 잃고 헤맬 사람이 겪을 위험도 무시할 수 없어, 이번만 나의 금기를 깨고 말하고 싶다. "어린이들아! 바오바브나무를 조심하렴!"

# 18

Oh, little prince! Bit by bit I came to understand the secrets of your sad little life···. For a long time you had found your only entertainment in the quiet pleasure of looking at the sunset. I learned that new detail on the morning of the fourth day, when you said to me:

"I am very fond of sunsets. Come, let us go look at a sunset now."

"But we must wait," I said.

"Wait? For what?"

"For the sunset. We must wait until it is time."

At first you seemed to be very much surprised. And then you laughed to yourself. You said to me:

"I am always thinking that I am at home!"

---

아! 어린 왕자, 나는 조금씩 너의 단출하고 적적한 삶을 알게 되었지. 오랫동안 너에게 유일한 위안은 일몰을 바라보는 조용한 즐거움뿐이었지. 나흘째 되는 아침, 너의 말에 나는 새로운 사실을 알게 되었지.

"저는 일몰을 아주 좋아해요. 함께 일몰을 보러 가요."

"그러면 기다려야지."

"잠깐만, 뭘 기다려요?"

"석양을. 우리는 해가 넘어갈 때를 기다려야지."

처음에 너는 몹시 놀란 기색이었지. 그러곤 곧 자기 말이 우스운 듯 웃음을 터트리고 내게 말했지.

"아직도 내 별에 있다고 생각했어요!"

# 19

You can see the day end and the twilight falling whenever you like⋯.

"One day," you said to me, "I saw the sunset forty-four times!"

And a little later you added:

"You know, one loves the sunset, when one is so sad⋯."

"Were you so sad, then?" I asked, "on the day of the forty-four sunsets?"

But the little prince made no reply.

───────

언제든 하루가 끝나고 황혼이 지는 것을 볼 때마다 너는 내게 말했지.

"어느 날은 해가 지는 걸 마흔네 번이나 봤어요!"

그리고 조금 있다가 너는 이렇게 덧붙였지.

"있잖아요, 사람은 너무 슬플 때 석양이 좋아져⋯."

"마흔네 번 본 석양을 본 날은 그만큼 슬펐구나?"

어린 왕자는 대답하지 않았다.

## 20

"The thorns, what use are they?"

The little prince never let go of a question, once he had asked it. As for me, I was upset over that bolt. And I answered with the first thing that came into my head:

"The thorns are of no use at all. Flowers have thorns just for spite!"

"Oh!"

There was a moment of complete silence. Then the little prince flashed back at me, with a kind of resentfulness:

"I don't believe you! Flowers are weak creatures. They are naïve. They reassure themselves as best they can. They believe that their thorns are terrible weapons…."

---

"꽃의 가시가 무슨 소용이 있나요?"

어린 왕자는 질문을 한번 던지면 절대 멈추지 않았다. 나는 나사 때문에 신경이 날카로워져 머릿속에 떠오르는 대로 대답했다.

"가시는 아무 쓸모가 없어. 꽃이 괜히 심술을 부리는 거지."

"아!"

그러나 잠시 침묵하던 어린 왕자가 분하다는 듯 쏘아붙였다.

"아저씨 말을 못 믿겠어요! 꽃은 약한 생물이에요. 순진하고 자신을 지켜내요. 꽃들은 가시가 끔찍한 무기라고 믿는다고요…."

# 21

"You talk just like the grown-ups!"

That made me a little ashamed. But he went on, relentlessly:

"You mix everything up together···. You confuse everything···."

He was really very angry. He tossed his golden curls in the breeze.

"I know a planet where there is a certain red-faced gentleman. He has never smelled a flower. He has never looked at a star. He has never loved any one. He has never done anything in his life but add up figures. And all day he says over and over, just like you: 'I am busy with matters of consequence!' And that makes him swell up with pride. But he is not a man, he is a mushroom!"

---

"아저씨도 어른들처럼 말하네요!"

그 말은 나를 조금 부끄럽게 만들었다. 하지만 어린 왕자는 쉬지 않고 계속 말했다.

"아저씨는 모든 걸 혼동하고 있어요. 완전 엉망진창이라고요!"

그는 진심으로 화가 나 있었다. 그의 황금빛 곱슬머리가 산들바람에 날렸다.

"내가 아는 어느 별에 얼굴이 빨간 신사가 있었어요. 그는 꽃향기라고는 한 번도 맡아보지 못했대요. 별을 바라본 적도 없고. 누구를 사랑해 본 적도 없죠. 계산 말고는 해본 게 아무것도 없거든요. 그래서 종일 아저씨처럼 '나는 중요한 일을 하는 사람이다! 진지한 사람이라고!'라며 오만으로 가득 차 있었죠. 하지만 그건 사람이 아니에요, 버섯이지!"

"A what?"

"A mushroom!"

The little prince was now white with rage.

---

"뭐라고?"

"버섯이라고!"

어린 왕자의 얼굴은 분노로 하얗게 질려 있었다.

Part 2.
"인생의 비극은 쓸데없는 일에
삶을 허비하는 거야."

# 22

"If some one loves a flower, of which just one single blossom grows in all the millions and millions of stars, it is enough to make him happy just to look at the stars. He can say to himself, 'Somewhere, my flower is there….' But if the sheep eats the flower, in one moment all his stars will be darkened…. And you think that is not important!"

He could not say anything more. His words were choked by sobbing.

---

"누군가 수백만 개의 별에서 단 한 송이뿐인 꽃을 사랑한다면, 그는 그 별들을 보는 것만으로도 충분히 행복할 거예요. 그는 이렇게 말할 수 있어요. '내 꽃이 저기 어딘가에 있어.' 하지만 양이 꽃을 먹어버리면 그에게는 일순간 모든 별이 자취를 감춰버린 거나 마찬가지예요. 그게 중요하지 않은 일이에요?"

어린 왕자는 더 말을 잇지 못했다. 그는 별안간 흐느끼기 시작했다.

# 23

The night had fallen. I had let my tools drop from my hands. Of what moment now was my hammer, my bolt, or thirst, or death? On one star, one planet, my planet, the Earth, there was a little prince to be comforted. I took him in my arms, and rocked him. I said to him:

"The flower that you love is not in danger. I will draw you a muzzle for your sheep. I will draw you a railing to put around your flower. I will…."

---

어느새 밤이 깊어져 갔다. 나는 연장을 내려놓았다. 내 망치와 나사, 목마름 혹은 죽음은 지금 조금도 중요하지 않았다. 어느 별, 어느 행성, 내 행성인 지구에는 위로받아야 할 어린 왕자가 있었다. 나는 그를 품에 안아주었다. 그를 조용히 흔들어 달래며 말했다.

"네가 사랑하는 꽃은 위험하지 않을 거야. 양의 입에 부리망을 그려줄게. 네 꽃을 위해 덮개도 그려줄게, 내가…."

# 24

But she interrupted herself at that point. She had come in the form of a seed. She could not have known anything of any other worlds. Embarassed over having let herself be caught on the verge of such an untruth, she coughed two or three times, in order to put the little prince in the wrong.

"The screen?"

"I was just going to look for it when you spoke to me…."

Then she forced her cough a little more so that he should suffer from remorse just the same.

---

하지만 장미는 말을 멈췄다. 그녀는 씨앗 형태로 이 별에 왔다. 그녀는 다른 세계에 대해 아는 것이 없었다. 장미는 그런 순진한 거짓말에 휘말리게 된 것에 부끄러움을 느껴 두세 번 기침하며 어린 왕자에게 잘못을 떠넘겼다.

"바람막이는?"

"찾으러 가려고 했는데, 네가 말을 걸어서…."

장미는 억지로 기침하며 어린 왕자가 똑같이 후회하게 했다.

So the little prince, in spite of all the good will that was insepa-
rable from his love, had soon come to doubt her. He had taken
seriously words which were without importance, and it made him
very unhappy.

"I ought not to have listened to her,"

---

그래서 어린 왕자는 장미를 사랑하며 아끼는 마음에도 불구하고 곧 그녀를 의심하게 됐다.
그는 중요하지 않은 말들을 진지하게 받아들였고, 그것은 어린 왕자를 매우 불행하게
만들었다.

"나는 그녀의 말을 듣지 말았어야 해."

he confided to me one day. "One never ought to listen to the flowers. One should simply look at them and breathe their fragrance. Mine perfumed all my planet. But I did not know how to take pleasure in all her grace. This tale of claws, which disturbed me so much, should only have filled my heart with tenderness and pity."

---

어느 날 어린 왕자가 내게 털어놓았다.

"꽃들의 말에 귀를 기울여서는 안 돼요. 그저 그들을 바라보고 그들의 향기를 느껴야 해요. 내 꽃은 내 행성 전체를 향기롭게 했어요. 하지만 나는 그 모든 우아함을 즐기는 법을 몰랐어요. 나를 너무 괴롭혔던 발톱 이야기는 내 마음을 부드러움과 연민으로 가득 채웠어야 했어요."

And he continued his confidences: "The fact is that I did not know how to understand anything! I ought to have judged by deeds and not by words. She cast her fragrance and her radiance over me. I ought never to have run away from her⋯. I ought to have guessed all the affection that lay behind her poor little stratagems. Flowers are so inconsistent! But I was too young to know how to love her⋯."

---

어린 왕자는 계속 속내를 털어놓았다.

"사실 나는 아무것도 이해하지 못했어요. 말이 아닌 행동으로 판단했어야 했는데. 장미는 자기 향기와 광채를 내게 비췄어요. 나는 그녀에게서 절대 도망치지 말았어야 했는데⋯. 장미의 불쌍한 작은 계략 뒤에 숨겨진 모든 애정을 알아차렸어야 했어요. 꽃은 너무 일관성이 없어요! 하지만 나는 너무 어려서 장미를 사랑하는 방법을 몰랐어요⋯."

# 26

But on this last morning all these familiar tasks seemed very precious to him. And when he watered the flower for the last time, and prepared to place her under the shelter of her glass globe, he realised that he was very close to tears.

"Goodbye," he said to the flower. But she made no answer.

"Goodbye," he said again. The flower coughed. But it was not because she had a cold.

"I have been silly," she said to him, at last. "I ask your forgiveness. Try to be happy⋯."

He was surprised by this absence of reproaches. He stood there all bewildered, the glass globe held arrested in mid-air. He did not understand this quiet sweetness.

---

그러나 이 마지막 아침, 이 모든 익숙한 일들이 그에게는 매우 소중하게 느껴졌다. 어린 왕자는 마지막으로 장미에게 물을 준 다음, 유리 덮개를 씌우려다 울음이 터질 것만 같았다.

"안녕." 어린 왕자는 장미에게 말했다. 하지만 장미는 대답하지 않았다.

"안녕." 그는 다시 인사했다. 장미는 기침을 했다. 감기에 걸려서가 아니었다.

"내가 어리석었어." 마침내 장미가 어린 왕자에게 말했다.

"용서를 구해. 행복해지렴."

어린 왕자는 장미가 꾸짖지 않는 것에 놀랐다. 그는 유리 덮개를 들고 어리둥절한 채 서 있었다. 어린 왕자는 이 조용한 달콤함을 이해하지 못했다.

"Of course I love you," the flower said to him. "It is my fault that you have not known it all the while. That is of no importance. But you, you have been just as foolish as I. Try to be happy... let the glass globe be. I don't want it any more."

---

"물론 나는 너를 사랑해." 장미가 말했다. "내가 널 사랑한다는 걸 몰랐던 건 내 잘못이야. 이제 그건 중요하지 않아. 하지만 너는…. 너도 나처럼 어리석었어! 행복해지렴…. 유리 덮개는 내버려둬. 더 이상 필요하지 않아."

# 27

"Well, I must endure the presence of two or three caterpillars if I wish to become acquainted with the butterflies. It seems that they are very beautiful. And if not the butterflies, and the caterpillars, who will call upon me? You will be far away···. as for the large animals, I am not at all afraid of any of them. I have my claws."

And, naively, she showed her four thorns. Then she added: "Don't linger like this. You have decided to go away. Now go!"

For she did not want him to see her crying. She was such a proud flower···.

---

"글쎄. 나비와 친해지고 싶다면 두세 마리의 애벌레는 견뎌야 해. 나비는 매우 아름다운 것 같아. 그리고 나비와 애벌레가 아니라면 누가 날 찾아오겠어? 너는 멀리 있는데···. 큰 동물 중 어느 것도 두려워할 것 없어. 나한테도 발톱이 있어."

그리고 장미는 자신의 가시 네 개를 보여주었다. 그러고 나서 말을 이었다.

"이대로 머뭇거리지 마. 떠나기로 결심했잖아. 이제 가!"

장미는 자신이 우는 모습을 어린 왕자에게 보이길 원하지 않았다. 그녀는 정말 자존심이 센 꽃이었다.

# 28

For what the king fundamentally insisted upon was that his authority should be respected. He tolerated no disobedience. He was an absolute monarch. But, because he was a very good man, he made his orders reasonable.

"If I ordered a general," he would say, by way of example, "if I ordered a general to change himself into a sea bird, and if the general did not obey me, that would not be the fault of the general. It would be my fault."

---

왕이 근본적으로 주장한 것은 그의 권위가 존중되어야 한다는 것이었다. 그는 어떤 불복종도 용납하지 않았다. 그는 절대 군주였다. 하지만 매우 선한 사람이었기 때문에 합리적인 명령을 내렸다.

예를 들어. "내가 장군에게 바닷새로 변신하라고 명령했는데. 장군이 나에게 복종하지 않았다면 그것은 장군의 잘못이 아니지. 내 잘못이다."라고 말했다.

# 29

"Exactly. One much require from each one the duty which each one can perform," the king went on. "Accepted authority rests first of all on reason. If you ordered your people to go and throw themselves into the sea, they would rise up in revolution. I have the right to require obedience because my orders are reasonable."

"Then my sunset?" the little prince reminded him: for he never forgot a question once he had asked it.

"You shall have your sunset. I shall command it. But, according to my science of government, I shall wait until conditions are favorable."

---

"맞아. 각자가 수행할 의무가 절실히 필요하지." 왕이 말을 이었다. "권위는 무엇보다 이성에 달려 있어. 만약 백성들에게 바다에 몸을 던지라고 명령한다면, 그들은 혁명을 일으킬 거야. 내가 합리적인 명령을 내릴 때만 복종을 요구할 권리가 있지."

"그럼 일몰은요?" 어린 왕자는 한 번 질문하면 절대 잊지 않아서 왕에게 되물었다.

"너는 해가 지는 걸 보게 될 것이다. 내가 명령할 테니까. 하지만 내 원칙에 따르면, 조건이 유리해질 때까지 기다려야 할 것이다."

# 30

On matters of consequence, the little prince had ideas which were very different from those of the grown-ups.

"I myself own a flower," he continued his conversation with the businessman, "which I water every day. I own three volcanoes, which I clean out every week(for I also clean out the one that is extinct; one never knows). It is of some use to my volcanoes, and it is of some use to my flower, that I own them. But you are of no use to the stars…."

The businessman opened his mouth, but he found nothing to say in answer. And the little prince went away.

"The grown-ups are certainly altogether extraordinary," he said simply, talking to himself as he continued on his journey.

---

중요한 문제에 관해 어린 왕자는 어른들과는 매우 다른 생각을 하고 있었다.

"나는 꽃 한 송이를 가지고 있어요." 그는 사업가와의 대화를 이어갔다. "꽃에 매일 물을 주고 있어요. 또 세 개의 화산을 가지고 있는데 매주 청소해 주고요(휴화산도 청소하고 있어요; 아무도 몰라요). 그건 내 화산에 어느 정도 쓸모가 있고, 내 꽃에도 어느 정도 도움이 되고. 하지만 아저씨는 별에 쓸모가 없어요."

사업가는 입을 열었지만 아무 말도 하지 못했다. 어린 왕자는 별을 떠났다.

"어른들은 확실히 정말 이상한 사람들이야." 그는 여행 내내 혼잣말을 했다.

## 31

"What does that mean, 'ephemeral'?"

"Whether volcanoes are extinct or alive, it comes to the same thing for us," said the geographer. "The thing that matters to us is the mountain. It does not change."

"But what does that mean 'ephemeral'?" repeated the little prince, who never in his life had let go of a question, once he had asked it.

"It means, 'which is in danger of speedy disappearance.'"

"Is my flower in danger of speedy disappearance?"

"Certainly it is."

---

"'덧없음'이란 게 무슨 뜻이에요?"

"화산이 멸종했든 살아 있든, 우리에게는 똑같은 일이 일어나는 거야." 지리학자가 말했다. "우리에게 중요한 것은 산이야. 변하지 않거든."

"하지만 '덧없음'이란 게 무슨 뜻이죠?" 한번 물어보면 포기하는 법이 없는 어린 왕자가 되물었다.

"그건 '곧 사라질 위험에 처해 있다'라는 뜻이야."

"내 꽃이 곧 사라질 위험에 처해 있다고요?"

"물론이지."

"My flower is ephemeral," the little prince said to himself, "and she has only four thorns to defend herself against the world. And I have left her on my planet, all alone!"

That was his first moment of regret. But he took courage once more.

---

"내 꽃은 덧없고, 세상으로부터 자신을 방어할 가시 네 개가 전부야! 그런 꽃을 행성에 홀로 남겨두었구나!"

그것이 그의 첫 번째 후회의 순간이었다. 하지만 다시 한번 용기를 냈다.

# 32

The grown-ups, to be sure, will not believe you when you tell them that. They imagine that they fill a great deal of space. They fancy themselves as important as the baobabs. You should advise them, then, to make their own calculations. They adore figures, and that will please them. But do not waste your time on this extra task. It is unnecessary.

---

어른들은 분명 당신의 말을 믿지 않을 것이다. 그들은 자신이 많은 공간을 차지하고 있다고 믿는다. 그들은 자신들이 바오바브나무만큼이나 중요하다고 생각한다. 그렇다면 스스로 계산해 보라고 슬쩍 권해보라. 그들은 숫자를 좋아하고, 그것은 그들을 기쁘게 할 것이다. 하지만 이 지루한 일에 시간을 낭비하지 마라. 쓸데없는 일이다.

# 33

"I thought that I was rich, with a flower that was unique in all the world; and all I had was a common rose. A common rose, and three volcanoes that come up to my knees, and one of them per-haps extinct forever…. that doesn't make me a very great prince…."
And he lay down in the grass and cried.

---

"세상에 단 하나뿐인 꽃을 가진 부자라고 생각했는데, 내가 가진 것은 흔한 장미였구나. 흔한 장미 한 송이와 무릎까지 오는 세 개의 화산, 그리고 그중 하나는 아마도 영원히 활동 못 하는 휴화산. 그렇다고 해서 내가 대단한 왕자가 되는 건 아니잖아…."
어린 왕자는 풀밭에 누워 울었다.

## 34

"Come and play with me," proposed the little prince. "I am so unhappy."

"I cannot play with you," the fox said. "I am not tamed."

"Ah! Please excuse me," said the little prince. But, after some thought, he added: "What does that mean, 'tame'?"

"You do not live here," said the fox. "What is it that you are looking for?"

"I am looking for men," said the little prince. "What does that mean, 'tame'?"

"Men," said the fox. "They have guns, and they hunt. It is very disturbing. They also raise chickens. These are their only interests. Are you looking for chickens?"

"No," said the little prince. "I am looking for friends. What does that mean, 'tame'?"

---

"이리 와서 나랑 놀자." 어린 왕자가 제안했다. "나는 너무 슬퍼."

"난 너랑 놀 수 없어." 여우가 말했다. "나는 길들여지지 않았거든."

"아! 미안해." 어린 왕자가 말했다. 그러나 잠시 생각한 어린 왕자가 물었다.

"그게 무슨 뜻이야? '길들인다'라는 게."

"넌 여기 사는 게 아니구나." 여우가 말했다. "무얼 찾고 있니?"

"나는 사람을 찾고 있어." 어린 왕자가 말했다. "그런데 '길들인다'라는 게 무슨 뜻이야?"

"It is an act too often neglected," said the fox. "It means to establish ties."

---

"사람들은 총을 들고 사냥을 해. 매우 충격적이지! 그들은 닭도 키우고. 이게 그들의 유일한 관심사야. 너도 닭을 찾고 있니?"

"아니." 어린 왕자가 말했다. "나는 친구를 찾고 있어. '길들인다'라는 게 무슨 뜻이야?"

여우는 말했다. "너무 자주 무시되는 행위야. 그건 '관계를 맺는다'는 것을 의미해."

# 35

"Just that," said the fox. "To me, you are still nothing more than a little boy who is just like a hundred thousand other little boys. And I have no need of you. And you, on your part, have no need of me. To you, I am nothing more than a fox like a hundred thousand other foxes. But if you tame me, then we shall need each other. To me, you will be unique in all the world. To you, I shall be unique in all the world···."

"I am beginning to understand,"

---

"바로 그거야!" 여우가 말했다. "나에게 너는 여전히 다른 수많은 소년과 같은 작은 아이에 지나지 않아. 그리고 나는 네게 필요하지 않아. 너도 내게 필요하지 않지. 너에게 나는 다른 수십 마리의 여우 중 하나니까. 하지만 네가 나를 길들인다면, 우리는 서로가 필요할 거야. 나에게 너는 모든 세상에서 유일한 존재가 될 거야. 나도 너에게 세상 유일한 여우가 되고···."

"이제 알 것 같아."

## 36

"Please, tame me!" he said.

"I want to, very much," the little prince replied. "But I have not much time. I have friends to discover, and a great many things to understand."

"One only understands the things that one tames," said the fox. "Men have no more time to understand anything. They buy things all ready made at the shops. But there is no shop anywhere where one can buy friendship, and so men have no friends any more. If you want a friend, tame me···."

---

"제발 나를 길들여 줘!" 여우가 말했다.

"나도 그러고 싶어." 어린 왕자가 대답했다. "하지만 시간이 많지 않아. 친구도 찾아야 하고, 이해해야 할 것들도 너무 많아."

"사람은 길들인 것만 이해할 수 있어." 여우가 말했다. "사람들은 더는 아무것도 이해할 시간이 없어. 그들은 상점에서 이미 만들어진 것을 사거든. 하지만 우정을 살 수 있는 상점은 어디에도 없어서 더 이상 친구가 없는 거야. 친구가 필요하다면 나를 길들여 줘···."

## 37

"What must I do, to tame you?" asked the little prince.

"You must be very patient," replied the fox. "First you will sit down at a little distance from me, like that, in the grass. I shall look at you out of the corner of my eye, and you will say nothing. Words are the source of misunderstandings. But yo u will sit a little closer to me, every day…."

The next day the little prince came back.

"It would have been better to come back at the same hour," said the fox. "If, for example, you come at four o'clock in the afternoon, then at three o'clock I shall begin to be happy. I shall feel happier and happier as the hour advances. At four o'clock, I shall already be worrying and jumping about.

"너를 길들이려면 어떻게 해야 해?" 어린 왕자가 물었다.

"인내심이 필요해." 여우가 대답했다. "먼저 너는 조금 떨어진 풀밭에 앉아. 내가 살짝 곁눈질로 너를 볼 때, 너는 아무 말도 하지 마. 말은 오해의 근원이야. 하지만 너는 매일 조금씩 내게 더 가까이 앉아야 해…."

다음 날 어린 왕자가 다시 돌아왔다.

"어제와 같은 시간에 왔다면 좋았을 거야." 여우가 말했다. "예를 들어, 네가 오후 4시에 온다면 나는 3시부터 행복해지기 시작할 거야. 시간이 지날수록 점점 더 행복해질 거야. 4시가 되면 벌써 가슴이 두근거려서 걱정하고 뛰어다닐 거야.

I shall show you how happy I am! But if you come at just any time, I shall never know at what hour my heart is to be ready to greet you···. One must observe the proper rites···."

---

내가 얼마나 행복한지 보여줄게! 하지만 네가 아무 때나 온다면 언제부터 언제쯤 내 마음이 너를 맞이할 준비가 되었는지 도무지 알 수 없을 거야···. 넌 올바른 의식을 지켜야 해···."

# 38

"What is a rite?" asked the little prince.

"Those also are actions too often neglected," said the fox.

"They are what make one day different from other days, one hour from other hours. There is a rite, for example, among my hunters. Every Thursday they dance with the village girls. So Thursday is a wonderful day for me! I can take a walk as far as the vineyards. But if the hunters danced at just any time, every day would be like every other day, and I should never have any vacation at all."

So the little prince tamed the fox.

---

"'의식'이 뭔데?" 어린 왕자가 물었다.

"그것도 사람들이 자주 소홀히 여기는 행동이지." 여유가 말했다.

"'의식'은 하루를 다른 날과 다르게 만들고, 한 시간을 다른 시간과 다르게 만들어 줘. 예를 들어, 사냥꾼들 사이에도 의식이 있지. 그들은 매주 목요일마다 마을 소녀들과 춤을 춰. 그래서 목요일은 내게 멋진 날이야. 포도밭까지 산책할 수 있거든. 하지만 사냥꾼들이 아무 때나 춤을 춘다면, 모든 날이 똑같을 것이고, 나는 결코 쉴 수 없을 거야."

그래서 어린 왕자는 여우를 길들였다.

# 39

"You are not at all like my rose," he said. "As yet you are nothing. No one has tamed you, and you have tamed no one. You are like my fox when I first knew him. He was only a fox like a hundred thousand other foxes. But I have made him my friend, and now he is unique in all the world."

---

"너는 내 장미와 전혀 닮지 않았어." 그가 말했다. "아직 너는 내게 아무것도 아니야. 아무도 너를 길들이지 않았고, 너도 아무도 길들이지 않았어. 나와 여우가 처음 만났을 때처럼 말이야. 여우는 다른 수십만 마리의 여우와 다르지 않았어. 하지만 나는 여우를 내 친구로 만들었고, 이제는 세상에 단 하나뿐인 여우가 되었어."

# 40

"You are beautiful, but you are empty," he went on. "One could not die for you. To be sure, an ordinary passerby would think that my rose looked just like you, the rose that belongs to me. But in herself alone she is more important than all the hundreds of you other roses: because it is she that I have watered; because it is she that I have put under the glass globe; because it is she that I have sheltered behind the screen; because it is for her that I have killed the caterpillars (except the two or three that we saved to become butterflies); because it is she that I have listened to, when she grumbled, or boasted, or even sometimes when she said nothing. Because she is my rose.

---

"너는 아름답지만, 공허해." 어린 왕자는 계속 말을 이었다. "너를 위해 생명을 바칠 사람이 없으니까. 물론 지나가는 평범한 사람이 내 장미가 너와 똑같다고 생각할 거야. 하지만 내 장미는 자체만으로도 다른 수백 송이의 장미보다 더 중요해. 내가 매일 물을 주었으니까. 유리 덮개를 씌워주고 바람막이로 지켜주고, 그 꽃을 위해 애벌레를 잡아주었거든. (나비가 되도록 구한 두세 마리는 제외하고.) 내 꽃이 투덜거리거나 자랑하거나 때로 아무 말도 하지 않을 때도 참아준 것도 그 꽃을 위해서였어. 내 장미니까."

## 41

"And now here is my secret, a very simple secret: It is only with the heart that one can see rightly; what is essential is invisible to the eye."

"What is essential is invisible to the eye," the little prince repeated, so that he would be sure to remember.

"It is the time you have wasted for your rose that makes your rose so important."

"It is the time I have wasted for my rose," said the little prince, so that he would be sure to remember.

---

"아무도 모르는 비밀을 말해줄게. 아주 간단한 비밀이야. 오직 마음으로만 봐야 볼 수 있어. 중요한 것은 눈에 보이지 않아."

"중요한 것은 눈에 보이지 않아." 어린 왕자가 반복해서 말했다. 기억하기 위해서였다.

"네가 장미를 위해 들인 시간이 네 장미를 중요한 존재로 만들었어."

"내가 내 장미를 위해 들인 시간이야." 어린 왕자는 잊어버리지 않으려고 되뇌었다.

"Men have forgotten this truth," said the fox. "But you must not forget it. You become responsible, forever, for what you have tamed. You are responsible for your rose⋯."

"I am responsible for my rose," the little prince repeated, so that he would be sure to remember.

---

"사람들은 이 진신을 잊었어." 여우가 말했다. "하지만 잊지 말아야 해. 네가 길들인 것에 대해 영원히 책임을 져야 해. 넌 네 장미에 대해 책임이 있어."

"나는 내 장미에 대해 책임이 있어⋯."

어린 왕자는 잊어버리지 않으려고 되뇌었다.

# 42

"Were they not satisfied where they were?" asked the little prince.

"No one is ever satisfied where he is," said the switchman. And they heard the roaring thunder of a third brilliantly lighted express.

"Are they pursuing the first travelers?" demanded the little prince.

"They are pursuing nothing at all," said the switchman. "They are asleep in there, or if they are not asleep they are yawning. Only the children are flattening their noses against the windowpanes."

"Only the children know what they are looking for," said the little prince.

---

"자기가 있는 곳에 만족하지 않았나요?" 어린 왕자가 물었다.

"사람은 아무도 자신이 있는 곳에 만족하지 않는단다." 선로 변경원이 말했다. 그리고 불을 밝힌 세 번째 급행열차가 천둥소리를 내며 들어왔다.

"이 사람들은 첫 번째 여행객들을 따라가나요?" 어린 왕자가 물었다.

"그들은 아무도 따라가지 않아." 선로 변경원이 말했다. "그들은 열차 안에서 잠을 자고 있거나 하품이나 하고 있을걸. 아이들만 창문 유리창에 코를 납작하게 박고 밖을 보지."

"아이들만이 자신이 무엇을 원하는지 알아요." 어린 왕자가 말했다.

"They waste their time over a rag doll and it becomes very important to them; and if anybody takes it away from them, they cry⋯."

"They are lucky," the switchman said.

---

"그들은 헝겊 인형에 시간을 들이고, 그것이 그들에게 매우 중요한 존재가 되죠. 그리고 누군가가 인형을 빼앗으면 우는 거예요..."

"아이들은 운이 좋구나!" 선로 변경원이 말했다.

# 43

"The stars are beautiful, because of a flower that cannot be seen."

I replied, "Yes, that is so." And, without saying anything more, I looked across the ridges of sand that were stretched out before us in the moonlight.

"The desert is beautiful," the little prince added.

And that was true. I have always loved the desert. One sits down on a desert sand dune, sees nothing, hears nothing. Yet through the silence something throbs, and gleams⋯.

"What makes the desert beautiful," said the little prince, "is that somewhere it hides a well⋯."

---

"별이 아름다운 건 보이지 않는 꽃 때문이에요."

나는 "맞아"라고 대답했다. 그리고 아무 말도 하지 않은 채 달빛 아래 펼쳐진 모래 언덕을 바라보았다.

"사막은 아름다워요." 어린 왕자가 덧붙였다.

사실이었다. 나는 항상 사막을 사랑했다. 사막 모래 언덕에 앉아 있으면 아무것도 보이지 않고 아무것도 들리지 않는다. 하지만 그 침묵 속에서 무언가가 빛나고 있다⋯.

"사막이 아름다운 건 어딘가에 우물이 숨겨져 있기 때문이야⋯." 어린 왕자가 말했다.

# 44

"What I see here is nothing but a shell. What is most important is invisible⋯."

As his lips opened slightly with the suspicious of a half-smile, I said to myself, again: "What moves me so deeply, about this little prince who is sleeping here, is his loyalty to a flower, the image of a rose that shines through his whole being like the flame of a lamp, even when he is asleep⋯." And I felt him to be more fragile still. I felt the need of protecting him, as if he himself were a flame that might be extinguished by a little puff of wind⋯.

And, as I walked on so, I found the well, at daybreak.

---

"눈에 보이는 건 껍질에 불과해. 가장 중요한 건 눈에 보이지 않아⋯."

어린 왕자의 살짝 벌어진 입술에 어렴풋이 미소가 번졌다. 나는 다시 한번 스스로에게 말했다. "여기 잠든 이 어린 왕자를 보며 이렇게 감동받는 건, 꽃에 대해 변치 않는 마음 때문이야. 잠들어 있을 때조차도 마치 램프의 불꽃처럼 그의 존재를 비추는 장미의 형상 때문이야⋯." 나는 어린 왕자가 더욱 연약한 존재란 걸 느꼈다. 나는 그가 마치 바람 한 줄기에 꺼질 수 있는 불꽃인 것처럼 그를 보호해야 한다고 느꼈다⋯.

그리고 그렇게 걸어가다가 동이 틀 무렵 우물을 발견했다.

Part 3.
"눈으로는 볼 수 없어.
마음으로 찾아야만 해."

# 45

"The men where you live," said the little prince, "raise five thousand roses in the same garden, and they do not find in it what they are looking for."

"They do not find it," I replied.

"And yet what they are looking for could be found in one single rose, or in a little water."

"Yes, that is true," I said. And the little prince added: "But the eyes are blind. One must look with the heart⋯."

I had drunk the water. I breathed easily. At sunrise the sand is the color of honey. And that honey color was making me happy, too. What brought me, then, this sense of grief?

---

"아저씨가 사는 곳의 사람들은 같은 정원에 장미 5천 송이를 키우지만, 그들은 원하는 것을 찾지 못해요."

"그들은 찾지 못하지." 내가 대답했다.

"하지만 그들이 찾는 것은 한 송이 장미나 물 한 방울에서도 찾을 수 있어요."

"그렇지, 맞아." 내가 말했다. 그러자 어린 왕자가 덧붙였다. "하지만 눈으로는 볼 수 없어요. 마음으로 보아야 해요⋯."

나는 물을 마셨다. 숨을 편히 쉬었다. 해가 뜨면 모래는 꿀 빛이 된다. 그리고 그 빛이 나를 행복하게 했다. 무엇이 나에게 이런 슬픔을 안겨주었을까?

# 46

"Ah," I said to him, "I am a little frightened,"

But he interrupted me.

"Now you must work. You must return to your engine. I will be waiting for you here. Come back tomorrow evening…."

But I was not reassured. I remembered the fox. One runs the risk of weeping a little, if one lets himself be tamed….

---

"아," 나는 그에게 말했다. "조금 두렵구나."

하지만 어린 왕자는 내 말을 가로챘다.

"아저씨는 이제 일해야 해요. 비행기가 있는 데로 돌아가요. 여기서 기다리고 있을게요. 내일 저녁에 돌아와요…."

하지만 나는 마음이 편치 않았다. 여우 이야기가 생각났다. 누군가에게 길들여지면 눈물을 흘릴 위험이 있다.

continued my walk toward the wall. At no time did I see or hear anyone. The little prince, however, replied once again:

"…Exactly. You will see where my track begins, in the sand. You have nothing to do but wait for me there. I shall be there to-night."

---

벽을 향해 계속 걸어갔다. 아무 소리도 들리지 않았고 아무것도 보이지 않았다. 하지만 어린 왕자는 다시 한번 대답했다.

"…물론이야. 모래 위에서 내 발자국이 시작되는 곳을 보면 알 거야. 그곳에서 나를 기다리면 돼. 오늘 밤 거기에 내가 있을 테니까."

# 48

"And at night you will look up at the stars. Where I live everything is so small that I cannot show you where my star is to be found. It is better, like that. My star will just be one of the stars, for you. And so you will love to watch all the stars in the heavens... they will all be your friends. And, besides, I am going to make you a present…."

He laughed again.

"Ah, little prince, dear little prince! I love to hear that laughter!"

"That is my present. Just that. It will be as it was when we drank the water…."

---

"아저씨는 밤이 되면 별을 올려다보게 될 거예요. 내가 사는 별은 모든 게 너무 작아서 어디에 있는지 보여줄 수 없어요. 그게 더 나아요. 내 별은 아저씨에게 모든 별 중 하나니까. 하늘의 모든 별을 보는 것을 좋아하게 될 거예요…. 그 별들은 모두 아저씨의 친구가 될 거예요. 게다가 내가 아저씨에게 선물을 줄 건데요…."

어린 왕자가 다시 웃었다.

"아, 어린 왕자야, 사랑하는 어린 왕자! 나는 너의 웃음소리를 듣는 걸 좋아해!"

"바로 그게 내 선물이에요. 우리가 마셨던 물처럼…."

# 49

"All men have the stars," he answered, "but they are not the same things for different people. For some, who are travelers, the stars are guides. For others they are no more than little lights in the sky. For others, who are scholars, they are problems. For my businessman they were wealth. But all these stars are silent. You, you alone, will have the stars as no one else has them,"

"What are you trying to say?"

"In one of the stars I shall be living. In one of them I shall be laughing. And so it will be as if all the stars were laughing, when you look at the sky at night···. you, only you, will have stars that can laugh!"

---

"모든 사람이 별을 보지만." 그가 대답했다. "그것은 사람마다 의미가 달라요. 여행자인 사람에게는 별이 길잡이예요. 다른 사람에게 별은 하늘의 작은 빛에 불과하고요. 학자인 사람에게는 숙제가 되죠. 내가 만났던 사업가에게 별은 금이고요. 하지만 모든 별은 아무 말도 하지 않아요. 아저씨만이 다른 사람이 갖지 못한 별을 갖게 될 거예요."

"무슨 말을 하려는 거니?"

"내가 그중 하나에 살고 있으니까. 그중 한 별에서 내가 웃고 있을 거니까. 그래서 아저씨가 밤에 하늘을 볼 때 모든 별이 웃는 것처럼 느껴질 거예요. 아저씨만이 웃을 수 있는 별을 갖게 될 거예요!"

# 50

"And when your sorrow is comforted (time soothes all sorrows) you will be content that you have known me. You will always be my friend. You will want to laugh with me. And you will sometimes open your window, so, for that pleasure···. and your friends will be properly astonished to see you laughing as you look up at the sky! Then you will say to them, 'Yes, the stars always make me laugh!' And they will think you are crazy. It will be a very shabby trick that I shall have played on you···."

And he laughed again.

"It will be as if, in place of the stars, I had given you a great number of little bells that knew how to laugh···."

―――――

"그리고 아저씨의 슬픔이 위로받을 때 (시간은 모든 슬픔을 달래주니까) 나를 알게 된 걸 만족할 거예요. 아저씨는 항상 나의 친구가 될 거예요. 나와 함께 웃고 싶어 할 거예요. 그리고 때때로 그 즐거움을 위해 창문을 열겠죠···. 아저씨의 친구들은 하늘을 올려다보며 웃는 것을 보고 놀랄지도 몰라요. 그럼, 아저씨는 그들에게 이렇게 말할 거예요. '그래, 별들은 항상 나를 웃게 만들어!' 그러면 그들은 아저씨가 미쳤다고 생각할 거예요. 내가 아저씨에게 한 건 매우 초라한 속임수가 될 거예요···."

그리고 그는 다시 웃었다.

"마치 별 대신에 웃는 법을 아는, 아주 작고 많은 종을 아저씨에게 준 것과 같은 거예요···."

# 51

and at night I love to listen to the stars. It is like five hundred million little bells···.

But there is one extraordinary thing···. when I drew the muzzle for the little prince, I forgot to add the leather strap to it. He will never have been able to fasten it on his sheep. So now I keep wondering: what is happening on his planet? Perhaps the sheep has eaten the flower···.

---

이제 나는 밤마다 별들의 소리를 듣는 것을 좋아한다. 마치 5억 개의 작은 종소리 같다.

하지만 한 가지 놀라운 게 있다. 어린 왕자에게 부리망을 그려줬을 때 가죽끈을 덧붙이는 걸 깜빡했다는 것이다. 어린 왕자는 결코 양에게 부리망을 달아줄 수 없을 것이다. 그래서 계속 궁금하다.

'그의 행성에는 무슨 일이 일어나고 있을까? 아마도 양이 장미를 먹었을지도 몰라···.'

# 52

But at another time I say to myself: "At some moment or other one is absent-minded, and that is enough! On some one evening he forgot the glass globe, or the sheep got out, without making any noise, in the night…." And then the little bells are changed to tears….

Here, then, is a great mystery. For you who also love the little prince, and for me, nothing in the universe can be the same if somewhere, we do not know where, a sheep that we never saw has, yes or no? eaten a rose….

Look up at the sky. Ask yourselves: is it yes or no? Has the sheep eaten the flower? And you will see how everything changes….

---

하지만 어떤 날은 나 자신에게 말한다. "어느 순간인가 누구나 멍하니 있는데, 그걸로 충분해! 어느 날 저녁 어린 왕자가 유리 덮개 씌우는 걸 잊어버리거나, 양이 밤중에 소리 없이 밖으로 나오거나…." 그러면 작은 종소리가 눈물로 변한다….

정말 알 수 없는 일이다. 어린 왕자를 사랑하는 당신에게도, 그리고 나에게도 우주의 어떤 것도 같을 수 없다. 어디선가 우리가 본 적 없는 양이 장미를 먹어본 적이 있다면 말이다.

하늘을 올려다보라. 그리고 스스로에게 물어보라. 양이 꽃을 먹었을까? 안 먹었을까? 대답에 따라 모든 것이 어떻게 변하는지 보게 될 것이다….

# 53

Then, if a little man appears who laughs, who has golden hair and who refuses to answer questions, you will know who he is. If this should happen, please comfort me. Send me word that he has come back.

---

작은 남자아이가 웃고, 금발 머리를 하고, 질문해도 대답이 없다면, 당신은 그가 누구인지 알게 될 것이다. 이런 일이 일어난다면 부디 다정히 대해주세요. 그가 돌아왔다는 소식을 전해 주세요.